AF339995

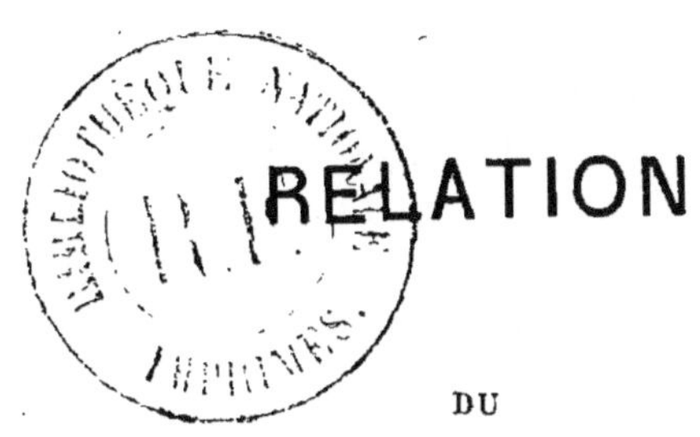

RELATION

DU

BOMBARDEMENT DE LA VILLE

DE LANDRECIES

PAR

A. DELOFFRE, Fils

Landrecies. — Imprimerie de Paul DELOFFRE.

RELATION

du

BOMBARDEMENT DE LA VILLE

DE LANDRECIES

PAR A. DELOFFRE, FILS.

Après une lutte longtemps victorieuse, près de St-Quentin, l'Armée du Nord, commandée par le général Faidherbe, avait été repoussée le 19 Janvier, par la première armée allemande, sous les ordres du général Von Gœben. Les Français, accablés par le nombre et par les renforts toujours croissants qui arrivaient aux Prussiens, avaient dû battre en retraite, non sans avoir fait subir toutefois à l'ennemi des pertes considérables. Le corps du général Lecointe avait été dirigé sur la route du Cateau, à travers des chemins défoncés et par une nuit froide et obscure. Une confusion générale régnait dans l'armée française. Les soldats de la ligne, les mobiles, les mobilisés étaient dispersés sur toutes les routes, la plupart en haillons, sans chaussures, couverts de boue, affamés, démoralisés. La retraite avait le sinistre aspect d'une déroute. Un nombre assez grand de ces fuyards parvinrent à la débandade jusqu'à Landrecies et furent dirigés aussitôt sur Valenciennes. Si l'ennemi eut continué sa poursuite avec plus d'acharnement, la destruction de l'Armée du Nord eut été complète; mais les troupes allemandes avaient énormément souffert pendant cette sanglante journée, et la nuit ralentit leur marche.

Dès le lendemain, les Prussiens, mettant à profit leur victoire de Saint-Quentin, s'avançaient avec dix mille hommes sur Cambrai et Landrecies, en se proposant de tenter un coup de main et de s'emparer par surprise de ces deux villes, qui étaient la clef du département du Nord.

Les communes environnant Cambrai, et ensuite le Cateau, Catillon et la Groise furent envahies par les troupes prussiennes et saxonnes, qui accablèrent le pays de réquisitions excessives en argent, en vivres et en chevaux. Les armées allemandes ne faisaient pas la guerre seulement aux soldats français; elles inquiétaient et terrifiaient les populations inoffensives et vivaient aux dépens des contrées qu'elles traversaient.

Le 21, à midi, vingt-cinq de leurs cavaliers débouchèrent par la route de Guise et vinrent au Sambreton, à une distance de 200 mètres de la ville de Landrecies. Trois d'entre eux se détachèrent et allèrent inspecter, avec une audace sans pareille, les fortifications de la place du côté des glacis de la Folie. Des mobiles étaient en faction sur les remparts; les cavaliers tirèrent sur eux quelques coups de pistolet sans les atteindre. Les factionnaires ripostèrent, mais inutilement.

C'était un samedi, jour de marché. L'arrivée des uhlans fut si soudaine que beaucoup de personnes des faubourgs et de la campagne sortaient de la ville et regagnaient leurs demeures sans crainte d'aucun danger. L'ennemi, cependant, était aux portes de la ville.

L'une des principales et nombreuses fautes commises par les Français. pendant les derniers mois de la campagne désastreuse de 1870, a été l'absence d'éclaireurs hardis et vigilants, qui auraient rendu d'immenses services aux armées et aux garnisons des places fortes, en fournissant des renseignements précis et circonstanciés sur les positions et les mouvements de l'ennemi. Si les grands'gardes d'infanterie avaient été munis de quelques cavaliers, les communications avec le gros de l'armée ou avec les garnisons eussent gagné en célérité et nous n'eussions pas vu les uhlans pousser inopinément une reconnaissance jusque sous les murs de Landrecies.

Le jour suivant, dimanche 22, six gardes nationaux sédentaires étaient de service au poste du cantonnier, près de chez Caille, au faubourg de France. Il était onze heures du matin. Tout-à-coup le factionnaire crie: aux armes! voici les prussiens! Les hommes du poste sortent armés. Les cavaliers ennemis, au nombre de dix-huit, étaient à la hauteur de la maison de M. Compagnie et s'avançaient la lance à la main. Trois des gardes nationaux se jettent dans les jardins et veulent tirer sur les uhlans, pendant que le reste du poste se replie sur la ville jusqu'aux palissades afin de donner l'éveil. Les Prussiens parurent fort peu effarouchés; ils tournèrent le dos aux tirailleurs et rebroussèrent chemin avec une sérénité parfaite.

Vers deux heures et demie, deux dragons saxons à cheval se montrèrent de nouveau sur la route du Sambreton. Quatre hommes du même poste armèrent leur fusil et les ajustèrent. Les quatre coups partirent. Les gardes nationaux crièrent: il y a un prussien de tombé. Ils coururent·sur lui, mais ils virent aussitôt les deux cavaliers éperonner leurs chevaux et se sauver à toutes brides. Pendant vingt-quatre heures, les hommes de ce poste abandonné n'avaient pas été relevés et n'avaient reçu ni les ordres, ni la visite d'un officier ou même d'un sous-officier. N'est-ce pas là un oubli impardonnable et même de l'incurie?

Les uhlans avaient voulu imiter les Cosaques qui, le 20 mars 1814, attaquèrent Landrecies par surprise et bloquèrent la ville du côté de la porte de France. Ils croyaient, comme les cavaliers russes, qu'ils n'avaient qu'à se présenter et à faire une simple démonstration pour se faire rendre la ville. Mais, comme en 1814, leur tentative audacieuse avorta et leurs espérances ne se réalisèrent pas.

Cependant le commandant supérieur de la place, dans la prévision d'un siége, fit laisser les portes de la ville ouvertes, depuis neuf heures du matin jusqu'à quatre heures du soir, afin de permettre aux femmes et aux enfants de s'éloigner. Quel triste et affligeant spectacle que ces fuites précipitées, que ces déménagements forcés! sur des charrettes sont entassés pêle-mêle des meubles et des caisses de linge. Les maisons sont fermées. Le vide se fait dans la ville. Les localités environnantes servent de refuge aux émigrants et doivent les préserver des horreurs du siége, dont Landrecies est menacée. Plusieurs habitants des villages circonvoisins vont se retirer jusque dans la forêt de Mormal, comme l'avaient fait nos ancêtres durant les siéges de 1477 et 1521.

Pendant ce temps, cent-cinquante uhlans parcourent le hameau d'Happegarbes et les villages de Fontaine-au-Bois, Preux-au-Bois, Hecq et Englefontaine, afin d'isoler la ville.

La journée du lendemain, lundi 23 janvier 1871, est une date qui sera gravée dans les annales de Landrecies.

La ville n'avait pour la défendre que les gardes nationaux sédentaires formés et exercés depuis quelques mois à peine et une faible garnison, composée d'un bataillon de mobilisés de l'Aisne, venu de Maubeuge, de quelques marins canonniers, et de deux batteries d'artillerie de la garde mobile du Nord, faisant partie du 3e régiment, la 4e et la 7e. La 4e batterie, formée à Cambrai, avait pour capitaine M. C. Delcourt, et la 7e, créée à Douai, était commandée par M. G. Stiévenart. Les défenseurs de la ville furent bientôt renforcés par trois compagnies du 75e de ligne, formant un effectif de 420 hommes, qui entrèrent dans la place vers une heure de l'après-midi. Ces trois compagnies venaient du Quesnoy et, pendant leur marche, elles avaient envoyé plusieurs coups de fusil à des cavaliers ennemis qui parcouraient la campagne et les harcelaient. Ces braves soldats du 75e s'empressèrent d'aller aux remparts et s'y déployèrent en tirailleurs.

Les fortifications de la place de Landrecies, qui datent d'une époque assez éloignée, puisqu'on en fait remonter l'origine à l'an 1075, ont été relevées et réparées, d'après le système du chevalier De Ville, après la conquête de cette ville par Louis XIII, en 1637. Ce roi donna des ordres pour le rétablissement immédiat des remparts et pour ajouter aux fortifications trois contre-gardes et cinq demi-lunes sur les courtines. Lorsque le traité des Pyrénées rendit Landrecies à la France, le 7 novembre 1659, le maréchal de Vauban vint augmenter la force de la nouvelle conquête de Turenne à la France. Par lui, l'ouvrage à cornes fut porté beaucoup plus avant, en sorte que toute la ville basse, qui n'était qu'un faubourg d'un petit nombre de maisons, s'accrut et remplit tout l'espace où elle pouvait s'étendre. La porte de France, d'abord contre le flanc gauche du bastion n° 3 (le bastion du Moulin), fut placée au milieu de la courtine, comme cela existe encore aujourd'hui. Tous les chemins couverts, les glacis et les manœuvres d'eau furent mis en état. Ces travaux, qui étaient achevés en 1692, ont tellement complété la défense de la place, qu'on n'y a presque rien fait depuis cette époque.

Dès le mois d'août 1870, l'armement de Landrecies avait été commencé, et la 1re batterie d'artillerie mobile du Nord, composée des jeunes gens du canton, avait exécuté les travaux de terrassement des plates-formes et des embrasures dans les cinq bastions qui font de cette place un pentagone.

Landrecies avait pour commandant supérieur un capitaine de frégate, M. Cossé, auquel avait été confiée la défense de la ville, et pour commandant de la place un ancien chef d'escadron d'état-major, M. de Bonefoux.

A ces deux officiers supérieurs étaient adjoints et complétaient le conseil de défense M. Lesur, capitaine d'artillerie, et M. Drouin, capitaine du génie.

La ville était munie de vivres et de munitions pour trois mois. En 1794, Landrecies avait tenu six mois. Mais autres temps, autres siéges!

Les salles de l'Hôtel-de-Ville étaient converties en ambulances et des drapeaux de la Croix-Rouge flottaient au sommet de l'édifice. L'Hôtel-de-Ville, protégé par la convention de Genève, était à l'abri des boulets ennemis.

Dans la matinée du 23, deux corps de troupes prussiennes et saxonnes, qui s'étaient détachées de l'armée de Von Gœben vinrent investir Landrecies et arrivèrent: l'un par la route de Guise, l'autre par le chemin du Pommereuil et Happegarbes. Ils étaient environ 3,000 hommes, infanterie, cavalerie et artillerie.

A une heure après-midi, les ennemis sont signalés à la Porte de France, à une distance de 5 à 600 mètres. Les coups de fusils s'échangent de part et d'autre. Immédiatement les Prussiens mettent en position, au Sambreton, cinq canons du calibre de 7, dont un sur la route, en face de la Verrerie, et les autres dans les pâtures qui s'étendent vers le Favril. Sans faire les sommations d'usage et sans envoyer au préalable un parlementaire ils commencent l'attaque. Le tir de cette batterie, trop rapprochée de la ville, fut heureusement si irrégulier, que les projectiles allèrent se perdre dans le hameau des Etoquies et jusque dans la forêt de Mormal, labourant la terre et brisant des arbres. Quelques cheminées furent cependant atteintes dans la ville et renversées.

Les artilleurs chargèrent à leur tour les canons de la ville et le premier coup, dans la direction du sud abat un arbre qui gênait le pointage.

Les fantassins ennemis s'établissent dans le faubourg de France, au coin de l'auberge de la Croix-Blanche, derrière les cabarets d'Eléonor Delvallée, et de Prevost, et se déploient en tirailleurs dans une pâture qui avoisine les jardins du Grand-Parc.

La fusillade et la canonnade font entendre un roulement épouvantable et continu. C'est une véritable pluie de balles et d'obus.

Cette première attaque n'était pas la plus sérieuse ; elle n'était qu'une feinte destinée à tromper les assiégés.

Vers deux heures et demie, les sentinelles, placées derrière les remparts du nord-ouest pour observer les environs du chemin de fer, signalent des masses noires qui s'avancent le long de la voie ferrée. Les Prussiens occupent bientôt la gare aux marchandises et envoient une grêle de balles sur ceux des assiégés qui se montrent au-dessus des parapets.

A peine arrivés au hameau d'Happegarbes, au lieu dit le Grimpet, entre le chemin de ce hameau et celui de Fontaine-au-bois, les Allemands établissent à deux fois différentes une batterie de six canons de campagne, et lancent avec furie, sur la ville, des obus et des boulets qui produisent d'affreux ravages. Les pièces étaient pointées avec précision.

L'arsenal et l'église paraissent être l'objectif des artilleurs ennemis et les projectiles viennent battre sans interruption les maisons situées dans ce quartier voué à la ruine. La destruction de cette partie de la ville était préméditée. Un officier prussien du détachement cantonné dans Catillon avait dit la veille à un habitant de cette commune : « Nous allons voir si la petite
» ville de Landrecies nous ouvrira ses portes.
» Vous connaissez l'arsenal et le petit bâtiment
» qui l'avoisine (la poudrière) ? Eh bien ! je
» vais diriger mes canons de ce côté et toutes
» mes bombes iront tomber au même endroit. »

L'officier avait dit vrai et il connaissait parfaitement le plan de Landrecies.

L'arsenal et une poudrière sont de nouvelles constructions et servent, ainsi que deux autres poudrières, de dépôt pour les armes, les munitions et les canons destinés à la défense et à l'armement de la place.

Pendant que la batterie prussienne envoie la mort et la destruction, des artilleurs de la mobile courent en ville chercher une pince et un marteau afin d'enfoncer les portes de la poudrière, dont les clefs sont égarées. Impossible de rien trouver dans le désordre qui règne en ville. Les habitants, surpris, errent dans les rues, exposés à un feu épouvantable. Les femmes et les enfants se sauvent dans les casemates et les souterrains de la ville et de la ville basse, bravant les obus qui tombent autour d'eux. Pour quelques vieillards, c'est la troisième fois qu'ils voient la ville assiégée, et ils se rappellent avec effroi le siége de 1794 et les blocus de 1814 et de 1815.

Les artilleurs retournent aux remparts, après avoir enfoncé la porte de la poudrière à coups de crosse de fusil. Ils peuvent enfin commencer le feu. Les premiers boulets tombent à 400 mètres au-delà de la batterie prussienne; mais bientôt le tir est rectifié. Les canonniers qui occupent le bastion n° 1, derrière l'arsenal, criblent la gare de boulets et dirigent sur l'ennemi un feu des plus nourris et des plus meurtriers.

Un certain nombre d'hommes des deux compagnies des gardes nationaux et canonniers sédentaires se rassemblent avec peine et sont pris au dépourvu par une attaque aussi subite. Ils vont occuper les postes qui leur sont assignés et, en l'absence du colonel de la garde nationale sédentaire et du chef du bataillon de Landrecies, M. Martin-Fournez, capitaine adjudant-major, fait exécuter les ordres que le commandant de place lui transmet.

Les canons prussiens continuent leur œuvre de destruction. Vers quatre heures, un incendie se déclare dans l'arsenal et se développe dans le pavillon qui sert de magasin. On enlève immédiatement les munitions qui s'y trouvent renfermées. Les obus ne cessent d'y tomber et y entretiennent un feu violent. Le bâtiment servant de logement au garde d'artillerie est entièrement consumé par les flammes. La tour de l'ancienne poudrière et l'arsenal sont criblés de boulets. La nouvelle poudrière était recouverte de terre et d'un épais blindage qui la mettaient à l'épreuve de la bombe. Si elle eût éclaté, la ville entière sautait. Ce malheur pouvait arriver ; le paratonnerre qui surmonte ce bâtiment servait de point de mire aux ennemis.

Un grand nombre de projectiles atteignent l'église, percent la toiture et la voûte de la nef principale. Un obus pénètre dans l'intérieur de l'édifice, traverse le buffet d'orgues, fracasse un lustre, et va se loger sur le maître-autel sans éclater. Le portail, les corniches extérieures, les degrés en pierres bleues sont réduits en poussière en maints endroits. Cette église, construite en 1817 sur l'emplacement de l'ancienne, était consacrée au culte depuis 1822.

Toutes les maisons situées entre l'arsenal et l'église, et qui forment l'entrée de la Grande-Rue et de la rue du Gouvernement, sont criblées d'obus. La maison de M. Carton est détruite, celle de Mme Sculfort reçoit cinquante obus qui, en éclatant à l'intérieur, pulvérisent littéralement le mobilier. Des murailles sont percées à jour. Les maisons Delattre et Objoie sont la proie des flammes et sont réduites en cendres. Les bombes à pétrole dont il est prouvé que les Prussiens se servaient alimentaient ce terrible incendie. Les habitations de Mme Béthune-Béra et de M. Béthune, ancien juge de paix, sont fortement endommagées. La maison de la veuve Solez est complètement démolie par trente ou quarante obus, qui laissent après eux d'énormes trous béants. Presque toutes les constructions de la Grande-Rue, adossées aux remparts, subissent des dégâts plus ou moins grands. Ce quartier est devenu un nid à bombes. A chaque salve d'artillerie, les vitres se brisent, le sol tremble, les pierres se détachent des murailles, les toits s'effondrent. Sous cet ouragan de plomb et de fer les ruines s'amoncellent d'une manière effrayante.

Pendant ce désastre, un malheur vient jeter la désolation dans une honorable famille.

M. Carton, receveur de l'enregistrement et des domaines, dont la maison est bâtie précisément entre l'arsenal et l'église, reçoit un éclat d'obus au moment où il sort d'une chambre du premier étage dans laquelle il est venu prendre une couverture et un matelas. C'était pour la seconde fois qu'il rentrait dans cette chambre, afin de dégager une couverture prise par la porte fermée trop tôt. Ce temps d'arrêt lui fut fatal. Le projectile lui brisa la jambe et lui broya le genou. Aucun secours des médecins ne put lui être donné avant sept heures du soir, et le malheureux blessé supporta avec un courage inouï d'horribles souffrances. L'amputation fut nécessaire; mais l'infortuné ne put résister aux suites de cette cruelle opération. Il mourut quelques jours après, le 28 janvier. M. Carton exerçait ses fonctions à Landrecies depuis 1861. Pendant ces dix années, il sut s'attirer l'estime des habitants de Landrecies. C'était un homme de bien, remplissant scrupuleusement ses devoirs. Ses supérieurs savaient apprécier ses qualités administratives, et il laisse parmi ses collègues de sincères regrets et d'excellents souvenirs.

Durant quatre longues heures, les grenades pleuvent sur la ville, épargnant toute la ville basse. L'incendie se déclare dans la brasserie de Mme Chuffart, et des flammes jaillissent de la maison de Mme Sculfort; le feu est promptement éteint. Dans ces pénibles circonstances, malgré la canonnade, la compagnie des sapeurs-pompiers, commandée par M. Martin, déploie un courage digne des plus grands éloges. Les pompiers n'interrompent leur périlleuse besogne que lorsque les obus, qui pleuvent autour d'eux, la rendent impossible. Mais aussitôt que la mitraille est devenue moins fréquente, les pompiers, auxquels se joignent résolument les frères de la doctrine chrétienne, et M. Leman, vicaire de la paroisse, portent de nouveaux secours aux maisons incendiées. Le sapeur Jospin, aidé par un artilleur de Douai, se dévoue pour sauver des flammes, sous une grêle de projectiles, une partie du mobilier de la maison attenante à l'arsenal.

Le feu ennemi fait des victimes parmi les assiégés. Une balle atteint au front le sieur Henri Desfossez, brigadier à la 4e batterie mobile, section de Cambrai, qui était à son poste de combat sur les remparts. Il est recueilli par une personne charitable qui lui prodigue tous les soins nécessaires. Mais la blessure était mortelle, Desfossez expira le lendemain. Il laisse une veuve et un enfant. Libéré du service militaire, ce brave soldat rentra dans l'armée quand la patrie fut en danger. Il est mort victime de son dévouement.

A la 7e batterie de Douai, deux hommes sont blessés, l'un à l'œil d'un éclat d'obus, l'autre d'une balle dans l'épaule.

Dans la 4e compagnie, on compte un tué (le brigadier Desfossez) et trois blessés; au 75e de ligne, un tué et deux blessés; parmi les mobilisés, deux blessés, dont un mourut des suites de sa blessure.

Un garçon de dix-huit ans, nommé Bernard, est étendu raide mort par une balle qui lui traverse la tête. Son corps ne put être transporté au cimetière, les portes de la ville restant fermées ; il fut provisoirement inhumé dans le terrain qui entoure l'église.

Après quatre heures de bombardement, le feu des assaillants se ralentit. Vers cinq heures du soir, les premiers, ils cessent le feu. Les uns disent qu'ils ont épuisé toutes leurs munitions, d'autres croient qu'un ordre rapide de départ leur est arrivé. Quoiqu'il en soit, les Prussiens battent subitement en retraite, emmenant avec eux dit-on sept voitures de morts et de blessés. Leurs pertes avaient été plus sérieuses que celles des assiégés. Ils abandonnaient une vingtaine de casques et de fusils brisés, qui prouvent que l'infanterie et l'artillerie de la place ont fait des ravages dans leurs rangs. Rentrés au Cateau, les Prussiens disaient, en effet : « Landrecies, petite ville meurtrière. »

L'entreprise des Allemands avait échoué. Ils comptaient surprendre Landrecies et, en jetant l'effroi et l'alarme au milieu de ses habitants, ils voulaient les amener à demander la reddition de la ville. Contre leur attente, Landrecies a résisté et riposté énergiquement à leurs batteries.

Lorsque les Prussiens eurent abandonné leurs positions et mis leurs canons en sûreté dans le bois Levêque et le bois de la Groise, la nuit étendit son voile sur le drame qui venait d'avoir lieu. Les lueurs de l'incendie allaient en s'affaiblissant. Le génie de la destruction semblait planer sur la ville. Un silence profond régnait autour de la cité dévastée. Aucune lumière ne brillait dans les faubourgs. Les habitants, ne voyant dans le départ précipité de l'ennemi qu'une nouvelle ruse de guerre, s'attendaient pour le lendemain à un bombardement qui n'aurait plus laissé pierre sur pierre. La ville était menacée du sort fatal de Péronne. Cette malheureuse forteresse de la Somme, privée de tout secours, laissée à ses seules ressources, avait été à moitié détruite, et sa population affolée par le bombardement et l'incendie, décimée par la maladie, n'avait pu prolonger une résistance inutile. Menacés d'un sort pareil, les habitants de Landrecies voyaient l'avenir sous de sombres aspects et concevaient des inquiétudes légitimes.

Le lundi soir, le Maire, M. Demoulin, et des notables de la ville, s'étaient rendus auprès de M. Cossé, commandant supérieur de la place, et lui avait exposé : « que la plupart des habitants sans abri pouvaient être tués ou blessés, que les dégâts produits par un bombardement de quatre heures étaient considérables, que si le siége continuait, la ville était ruinée de fond en comble, et que la défense à outrance de cette place ne leur paraissait d'aucune utilité pour le salut de la patrie. » « Les sacrifices » innombrables qu'une résistance plus longue » occasionnerait à nos concitoyens ne seraient » pas, dirent-ils, compensés par des résultats » profitables à la défense nationale. Vous allez

» accumuler des ruines, et cela en pure perte. »

— « J'ai reçu ordre de défendre votre ville jusqu'à la dernière extrêmité, répondit le commandant. Nous irons tous aux remparts, lorsque les ennemis auront fait une brêche. Au surplus, le général Faidherbe sera demain sous les murs de votre ville avec une armée de secours. »

Le lendemain, les éclaireurs ne virent rien venir. L'armée du Nord, retirée dans les autres places fortes, continuait à se reformer, et Landrecies restait exposée sans secours à une nouvelle attaque et à un siége régulier.

Les soldats de la garnison passèrent la nuit sur les remparts à préparer les projectiles et à disposer sur les parapets les sacs à terre. L'armement de la place fut complété avec une grande activité. On s'attendait à une nouvelle attaque; mais les Allemands ne reparurent pas. Seulement, le mercredi matin, 35 Prussiens parcoururent l'un des faubourgs. Les ennemis avaient levé le siége de Landrecies, et avaient regagné leurs cantonnements.

Par sa défense vigoureuse, par sa résistance énergique, Landrecies a brillamment soutenu la réputation des places fortes du Nord; elle a arrêté l'invasion et préservé toute la contrée des réquisitions onéreuses de l'ennemi, qui dut abandonner entièrement le département du Nord, lorsque l'armistice vint fixer la ligne de démarcation entre les armées belligérantes.

A ce bombardement se rattachent quelques faits, quelques incidents dont le récit ne pourra que compléter la relation de ces mémorables journées.

Le nombre des obus lancés par les Prussiens est évalué à plus de six cents. Le tir des pièces ennemies était rapide. Cependant les Allemands n'avaient pas de matériel de siége, et leurs canons n'étaient que des pièces de campagne d'un calibre moyen.

Le premier obus tomba au milieu de la ville, sur la maison habitée par un sieur Catoire et appartenant au sieur Caudron, rue Neuve des Boucheries.

Un obus rompit un vitrage qui surmontait une partie de la maison de M. André Bonnaire, entre la rue des Deux-Clefs et celle de Berlaimont, éclata au rez-de-chaussée, brisa quelques meubles et alluma un incendie qui fut promptement éteint.

Dans une maison de la Grande Rue, appartenant à Mme Descamps, un obus éclata à l'intérieur d'une chambre, mit en pièces tous les meubles, et ne laissa intact qu'un crucifix attaché à une muraille.

Un obus pénétra également dans une chambre de la maison de M. Marsy, brisa une commode et une table, et finit par fracasser, en produisant un tapage étourdissant, des bouteilles vides placées dans un panier.

La maison de Mlle Garnier, à l'extrêmité de la rue des Boulevards d'Harsehottes, reçut un projectile. Un autre obus vint se perdre dans la cour de M. Hubert.

Il serait difficile d'énumérer toutes les constructions atteintes par les projectiles. Il suffit de dire qu'environ soixante maisons de la ville haute ont souffert du bombardement.

Un homme était couché dans son lit, lorsqu'une bombe fit explosion dans la chambre et mit en pièces la boiserie du lit. L'individu n'eut aucune égratignure, mais l'émotion qu'il ressentit fut tellement forte qu'il en devint sérieusement malade.

L'impression produite sur quelques personnes par le bombardement eut de funestes conséquences. Un vieillard, le sieur Frison, mourut subitement en entrant dans une casemate qui devait lui servir de refuge. La femme du sieur Prudent Druart succomba quelques jours après le siége, par suite du saisissement qu'elle avait ressenti.

Pendant que les obus commençaient à pleuvoir sur la ville, le sieur Michel, débitant de boissons, rue du Puits-de-la-Croix, se mit sur le seuil de sa porte. Un projectile l'atteignit au bras gauche et occasionna une blessure qui parut d'abord peu grave mais cette blessure s'envenima et ce malheureux mourut après deux mois de cruelles souffrances.

M. Décisy et **M.** Martin étaient sur le perron de l'Hôtel-de-Ville, et se disposaient à descendre les marches de la double rampe. **M.** Décisy demande à son compagnon de prendre la même direction que lui. **M.** Martin répond qu'il doit aller du côté opposé, et à peine ces deux messieurs se sont-ils séparés pour suivre un escalier différent, qu'un éclat d'obus vient blesser **M.** Décisy au bras et à la jambe.

Craignant un siége dont les résultats pouvaient être terribles, plusieurs familles s'étaient réfugiées dans la cave d'une des principales maisons de la Grande Rue. Le salon sous lequel se trouvait cette cave avait été recouvert d'une couche épaisse de terre et de fumier qui formait un blindage. Ces personnes s'y étaient installées le plus commodément possible et y demeurèrent jusqu'au vendredi suivant, 27 janvier. L'une d'elles, déjà d'un certain âge, n'eut qu'à se louer de ce séjour humide que l'on pouvait craindre comme devant être nuisible à sa santé. Elle y était rentrée souffrant d'un rhume violent, elle en est sortie presque guérie.

Le lundi matin, la femme Tueur portait du lait à vendre dans Landrecies. On l'avertit que si elle voulait entrer, elle ne pourrait plus sortir de la ville. Elle revint sur ses pas et, en rebroussant chemin, elle rencontra six prussiens qui avaient arrêté quelques hommes et les forçaient à se déchausser afin de se saisir de leurs souliers.

A Happegarbes, la femme Louis Lesne reçut la visite des Prussiens. Le lundi, deux fantassins entrent chez elle. Elle était seule. L'un d'eux s'arrête sur le seuil de la porte, et montre son pied enveloppé dans un mouchoir. Il fait comprendre qu'il lui faut quelque chose pour se mettre au pied. La femme lui montre un sabot. Le Prussien fait signe que ce n'est pas cela. Alors la maîtresse de la maison va chercher les souliers de son fils, qui était artilleur mobile en garnison à Douai. Elle s'assied; le soldat met son pied sur ses genoux pendant qu'elle lui entoure la jambe de linges et l'aide à lier les cordons des souliers. Le Prussien parut satisfait de ce bon procédé, auquel il ne s'attendait peut-être pas, et il se hâta de rejoindre la colonne.

Des habitants d'Happegarbes étaient allés voir l'incendie qui se développait dans le quartier de l'arsenal, et s'étaient postés devant la barrière Millet. Une balle tomba au milieu d'eux, s'enfonça dans la terre et les éclaboussa. Voyant le danger dont ils étaient menacés, les curieux regagnèrent au plus vite leur domicile.

Un boulet venant des remparts atteignit le mur du fournil Manesse. Un autre passa au-dessus de la maison d'Édourd Deulin, et alla s'enterrer dans la pâture, après y avoir creusé un large trou. Un troisième boulet traversa la grange d'Augustin Béguin.

Les ennemis réquisitionnèrent un certain nombre d'habitants des faubourgs et les obligèrent à les suivre dans la direction du Cateau avec des chevaux et des voitures afin de les aider à enlever et à transporter leurs morts et leurs blessés. Maurice Trouillet, de Fontaine-au-Bois, qui regardait en simple curieux la retraite des Prussiens fut arrêté et emmené par eux.

Le propriétaire de la verrerie du Sambreton M. Larose, au domicile duquel les Prussiens avaient trouvé son fusil et son uniforme de garde national, fut emmené par eux comme prisonnier de guerre. Il fut convenablement traité et finalement renvoyé dans ses foyers.

Dans un bastion situé en face du chemin de fer, un artilleur mobile dirigeait un obusier de 22 sur la gare, dans laquelle se trouvaient une centaine de fantassins ennemis qui, de leur côté, tiraient sur le bastion. Au moment où l'artilleur pointait la pièce, une balle vint frapper le fond de l'âme du canon.

Dans un estaminet du faubourg Soyères, à l'enseigne de la *Tonne d'Or,* de hardis cavaliers prussiens s'installèrent effrontément, au mépris du danger. Ils mirent leurs chevaux dans les écuries et vidèrent ou brisèrent toutes les bouteilles de vin et de liqueurs, sans toucher aux tonneaux de bière. Ils poussèrent l'impudence jusqu'à jouer aux cartes pendant que le canon grondait. Quand les propriétaires de l'établissement rentrèrent chez eux, ils trouvèrent leur maison dévastée et virent un jeu de cartes répandu en désordre sur une table.

Les Prussiens paraissaient s'être enfuis précipitamment et n'avaient pas eu le temps d'effacer les chiffres romains qu'ils avaient inscrits sur une ardoise pour marquer leurs points.

Durant l'action, un escadron de uhlans était en vedette dans le même faubourg. Un officier sort des rangs et vient en observation sur la route traversée par la voie ferrée. A peine est-il arrivé au passage à niveau, qu'un soldat du 75e, embusqué derrière l'ouvrage avancé de la ville basse, fait feu sur lui et le blesse mortellement.

Le bâtiment en planches qui, depuis l'établissement du chemin de fer, en 1858, servait de gare aux voyageurs, fut criblé de boulets par les assiégés. Le mercredi, dans l'intérêt de la défense de la place, l'autorité militaire fit mettre le feu à ce bâtiment, ainsi qu'à la nouvelle gare et à la gare aux marchandises. Les Prussiens en avaient crénelé les murs, à l'abri desquels ils dirigeaient sur la ville une vive fusillade. Il ne reste de ces constructions que des murailles. Cette destruction opérée dans le but d'enlever à l'ennemi un lieu d'embuscade, ne devint d'aucun secours pour la place. C'était une simple mesure de prévoyance, dont heureusement les événements ultérieurs ne démontrent pas l'opportunité.

Les ravages causés par les canons prussiens sont considérables. Les pertes matérielles subies par la ville de Landrecies sont évaluées à quatre cent mille francs. C'est un chiffre énorme. Que serait-ce si le bombardement avait duré neuf jours comme celui de Longwy, ou seulement vingt-huit heures comme celui de Mézières!

Sept jours après le bombardement de Landrecies, le siége de Paris cessait. Le 28 janvier 1871, M. Jules Favre, ministre des affaires étrangères du Gouvernement de la Défense nationale, et le comte de Bismark, chancelier de la Confédération germanique, avaient traité de la reddition de Paris. En remontant d'un demi-siècle dans l'Histoire de France, nous trouvons un singulier rapprochement à signaler. Les ennemis investirent sans succès Landrecies le 20 mars 1814, et, peu de jours après, le 31 mars, Paris ouvrait ses portes aux confédérés. La capitulation de Paris, en 1814, mit un terme aux guerres de la République et de l'Empire; la capitulation de Paris, en 1871, amena un armistice qui permit à la France d'élire une Assemblée nationale et de traiter de la paix.

De toutes les villes fortes qui ont été assiégées et bombardées pendant la guerre de 1870, Landrecies est la seule, à l'exception de la petite forteresse de Bitche, qui ne soit pas tombée au pouvoir des Allemands. Sa courte, mais vigoureuse défense l'aura préservée des horreurs de l'occupation qu'ont eu à subir Toul, Verdun, Mézières, Péronne, Longwy. Ses fortifications n'ont éprouvé aucun dégât; elles restent debout. Les Prussiens, contrairement aux lois de la guerre, les ont épargnées et n'ont détruit que les maisons particulières et les édifices publics. Autrefois, les armées assiégeantes s'attaquaient au corps de place, respectant les propriétés privées, autant qu'elles le pouvaient, et lorsqu'une brèche était praticable, elles livraient l'assaut. La guerre moderne ne suit plus les mêmes errements. Nous sommes arrivés dans une de ces périodes de transition dans l'existence et dans les fonctions des armées et des places fortes qui marquent la fin de certains procédés employés dans les guerres passées. La Prusse a prévu ce changement des voies et moyens de guerre et l'a utilisé à nos dépens.

Quelque grands que soient les progrès de l'art militaire, quelqu'ingénieux que puissent paraître les engins nouvellement inventés, le spectacle de la destruction et des souffrances est navrant pour les hommes qui ont une certaine hauteur d'âme. Ils s'étonnent que la civilisation moderne qui est si fière d'avoir remplacé partout la force, dans les transactions individuelles, par des principes et par la loi, en soit encore à régler le contentieux international par le déchaînement des fléaux de la guerre.

A. DELOFFRE, Fils.

5 Mars 1871.

M. le Commandant de place nous apporte une note rectifiant deux faits sur lesquels nous aurions été mal renseignés.

NOTE

« Le Commandant de place fait savoir que le paratonnerre de la nouvelle poudrière a été ôté, par ordre du commandant du génie, le 3 septembre 1870 et que, quant aux clés égarées dont il est question à la page 12, ces clés sont celles d'un magasin à poudre où il n'y avait pas de munitions lesquelles étaient toutes préparées dans les magasins de batteries avoisinant chaque pièce sur les remparts.

» Quant au poste extérieur abandonné dont il est parlé à la page 6, le Commandant supérieur ne faisait plus fournir de poste à la garde nationale déjà depuis quelques jours avant le bombardement et l'oubli impardonnable dont il est question dans ce paragraphe ne peut être imputé à l'autorité militaire puisque ce poste n'avait pas été commandé par elle et qu'elle en ignorait l'existence. »

L. DE BONNEFOUX.

La 4e batterie outre le brigadier Desfossez, a perdu aussi le canonnier Gresillon mort des suites d'une blessure reçue pendant le bombardement.

www.ingramcontent.com/pod-product-compliance
Lightning Source LLC
Chambersburg PA
CBHW061802060726
47597CB00007B/3069